LebensQualität

LebensKunst-Impulse
für die
Bewusstseins-Elite
von
Andreas Giger

AF288391

Bibliografische Information der Deutschen Bibliothek
Die Deutsche Bibliothek verzeichnet diese Publikation in der
Deutschen Nationalbibliografie; detaillierte bibliografische Daten
sind im Internet über http://dnb.ddb.de abrufbar.

Texte und Bilder von Andreas Giger

1. Auflage 2006
Satz und Gestaltung: Andreas Giger
Herstellung und Verlag: Books on Demand GmbH, Norderstedt,
www.bod.de

ISBN 3-8334-5134-3

Für
alle Team-KollegInnen
des GYM FIT CLUB BERN*,
für welche die LebensQualität
ihrer Kunden
und ihre eigene
ein Zwillingspaar bilden.

*www.gymfit.ch

Inhalt

Jenseits von Wellness

Rundum wohl fühlen lautet die Verheißung von Wellness. Mit Wassern und Dämpfen, mit Ölen und Salben, mit Klängen und Düften wird aufgefahren, um diesen Zustand zu erreichen. Und wer ihn kennt, wird ihn als erstrebenswert bezeichnen. Der Körper wohlig entspannt, die Seele am Baumeln - was will man mehr?

Zunächst mehr vom selben. Wir Menschen haben offenbar eine angeborene Neigung, Momente des totalen Wohlbefindens verlängern oder möglichst oft wiederholen zu wollen, wie schon die Dichterworte sagen: »Oh Augenblick, verweile noch!« oder »Denn alle Lust will Ewigkeit, will tiefe, tiefe Ewigkeit!«

Gegen solche Wünsche ist nichts einzuwenden - außer, dass sie völlig illusorisch sind. Niemand ist je gesichtet worden, der es geschafft hätte, ständig im Zustand völligen Wohlbefindens zu bleiben...

Einem illusorischen Ziel wie ständigem Wohlbefinden nach zu jagen, ist nicht besonders klug, weil uns solches Tun zwangsläufig zu Versagern macht, und das ist keine tragfähige Basis für ein geglücktes Leben.

Apropos Glück: Auch der Versuch, das Glück im eigenen Leben zu maximieren, gehört in diese Kategorie unerfüllbarer Wünsche, und alle Buchautoren und Seminarleiterinnen, die solches zu lehren versprechen, sollten deshalb dringend noch mal über ihre Bücher.

Womit sich die Frage stellt, ob es jenseits von permanenter Wellness oder maximalem Glück Ziele für unser Leben gibt, die realistischer sind. Nicht, weil wir sie je erreichen können, sondern weil wir uns ihnen annähern können, Schritt für Schritt.

Brauchen wir überhaupt solche Ziele für unser Leben? Während des größten Teils der menschlichen Geschichte hat sich diese Frage nicht gestellt. Da gab es mächtige Institutionen, die dem Leben der Menschen klare Ziele vorgaben. Der Staat setzte das Ziel, ihm möglichst treu zu dienen, bei Bedarf bis zum Tod auf dem Schlachtfeld. Die Wirtschaft gab das Ziel vor, möglichst viel Kohle zu machen. Die Kirche setzte das Ziel, sich dem eigenen Seelenheil zu widmen. Und so fort.

Dieselben Interessengruppen gaben auch klar vor, wie diese Ziele zu erreichen seien. Die Menschen waren somit *Verwalter* ihres Lebens: Ziele und Wege waren fremdbestimmt, sie hatten nur auszuführen.

Dann kam eine Übergangsphase der Lockerung. Die Ziele waren zwar noch von außen vorgegeben, doch die Wege dahin konnten die Menschen jetzt frei wählen. Sie waren *Manager* ihres Lebens.

Heute haben diese Ziele setzenden Institutionen viel von ihrem Einfluss verloren, und damit die Macht, den einzelnen Menschen die Ziele ihres Lebens aufzuzwingen. Mehr und mehr werden wir deshalb zu *LebensGestaltern,* die frei über Ziele und Wege ihres Lebens bestimmen können.

Wir können also die Ziele unseres Lebens frei wählen - aber wir müssen auch. Das nennt man die Qual der Wahl, und eine andere Wahl, als uns für bestimmte Lebensziele zu entscheiden, haben wir nicht, weil ein Leben ganz ohne Orientierung und Ausrichtung uns selbst und unseren Mitmenschen kaum sinnvoll erscheinen kann.

Zum Glück haben wir ein ganz gut funktionierendes Orientierungssystem eingebaut: unsere Werte. Sie entscheiden darüber, was uns wie viel wert ist, wo wir in unserem Leben wie viel an Zeit, Aufmerksamkeit und Energie investieren.

Nur: Diese unsere Werte werden uns ebenfalls nicht mehr von außen vorgegeben, wir können und müssen sie selber auswählen, und das ist nicht ganz einfach, weil das Angebot im Supermarkt der Werte ebenso unüberschaubar geworden ist wie jenes an Zahnpastamarken in einem normalen Dorfladen.

Ordnung in dieses Chaos bringen Leitwerte. Ein Leitwert ist nicht so sehr der oberste Boss aller Werte, dem sich alles unterzuordnen hat, sondern mehr ein Koordinator, der geschickt verschiedene Werte zu einem bündelt und zwischen ihnen vermittelt und ausgleicht.

Ein solcher Leitwert ist somit etwas Ähnliches wie ein Lebensziel, weil er bei der Gestaltung des eigenen Lebens eine Richtung vorgibt. Darüber hinaus ist ein Leitwert aber auch ein Maßstab, mit dem wir bewerten können, wie weit wir bei unserer LebensGestaltung in der selber gewählten Richtung vorangekommen sind.

Jeder Mensch braucht als Gestalter seines eigenen Lebens somit Leitwerte, und, weil wir letztlich doch ziemlich einfach gestrickte Geschöpfe sind, noch besser nur einen einzigen.

Führt das nun im Zeitalter der Individualisierung dazu, dass wir uns alle ganz unterschiedliche Leitwerte auswählen? Die Antwort heißt, wie ich auf Grund eigener Forschung weiß, nein. Natürlich wird es in unseren Breitengraden kaum mehr allgemein verbindliche Leitwerte geben, und natürlich werden die Leitwerte der Menschen von heute und morgen individuell gefärbt sein. Doch es gibt einen heißen Anwärter für den Stuhl eines Leitwertes, der einer wachsenden Zahl von Menschen gemeinsam ist.

Die Kandidatin heißt *LebensQualität*. LebensQualität ist die ebenso klare wie offene, ebenso verbindliche wie wandelbare Antwort auf die Frage, worum es bei der Gestaltung des eigenen Lebens eigentlich geht.

LebensQualität umfasst das ganze Leben. LebensQualität ist optimierbar. LebensQualität ist lernbar. LebensQualität liegt im Trend. Deshalb ist LebensQualität die ideale Richtschnur für LebensGestaltung.

Wenn es bei der Gestaltung unseres eigenen Lebens um LebensQualität geht, worum geht es dann bei LebensQualität? Das können nur Sie für sich beantworten. Doch es gibt durchaus einige verbindende Elemente, auf die zu achten sich lohnt. Darum geht es in den Texten (und Bildern) dieses Büchleins.

Körper-
Welten

Meine Einsichten in das Thema LebensQualität nähren sich aus zwei Quellen. Die eine ist die lebenslange Beobachtung, meiner eigenen wie derjenigen anderer. Die zweite ist ein Netz von einigen hundert nachdenklichen Vordenkern aus dem deutschsprachigen Raum, denen ich regelmäßig Fragen stelle.

Dieses Netz hat auf die Frage, von welchen Voraussetzungen die eigene LebensQualität abhinge, eine zunächst erstaunliche Antwort gegeben: Körperliches Wohlbefinden ist eine zwar wichtige, aber nicht die wichtigste Voraussetzung für LebensQualität.

Das ist deshalb erstaunlich, weil bei Umfragen über Werte und Lebensziele gewöhnlich das Stichwort "Gesundheit" obsiegt. Deshalb wäre zu erwarten gewesen, dass (körperliche) Gesundheit auch im Zusammenhang mit LebensQualität ganz obenauf schwingen würde. Das ist nicht der Fall, weit wichtiger sind etwa seelisches Wohlfühlen oder die Existenz eines intakten Beziehungsnetzes.

Der Hinweis auf das seelische Wohlbefinden als elementare Voraussetzung von LebensQualität liefert einen ersten Schlüssel: Dieses ist wichtiger als körperliches, und es ist davon nicht abhängig. Das zeigt sich immer wieder bei einzelnen Menschen, die körperlich versehrt sind und dennoch von einer guten LebensQualität berichten. Und es zeigt sich in der Beobachtung, dass im Durchschnitt mit dem älter Werden zwar das körperliche Wohlbefinden tendenziell sinkt, das seelische dagegen steigt.

Wenn "meine" nachdenklichen Vordenker aus der Bewusstseins-Elite auf Grund von Selbstbeobachtung zum Schluss kommen, seelisches Wohlbefinden sei für die eigene LebensQualität wichtiger als körperliches, und dieses sei von jenem höchstens bedingt abhängig, dann ist das ein Ausdruck von Lebensklugheit.

Allerdings steht diese Haltung ziemlich quer in einer Landschaft, die den Körperkult auf die Spitze treibt. Ginge es nach diesem seltsamen Lüftchen des Zeitgeists, dann stünde der Körper im Zentrum aller Wege zu mehr LebensQualität.

Es dürfte sich dabei eher um einen Irrweg handeln. Nichts gegen Körperkult im Sinne einer echten Verehrung des Körpers, der schließlich die Basis unserer Existenz ist und deshalb einen pfleglichen und liebevollen Umgang verdient, was der LebensQualität sicher nicht schadet.

Im derzeit vorherrschenden Körperkult wird jedoch nicht der reale Körper verehrt, sondern ein idealer. Diese Verehrung äußert sich dadurch, dass alle Anstrengungen unternommen werden, den eigenen realen Körper dem idealen anzunähern, sofern - was meistens der Fall ist - zwischen beiden Abweichungen bestehen.

So schön sein zu wollen wie das Ideal oder so fit, sich so attraktiv zu gewanden wie das Ideal, oder auch nur, sein Idealgewicht zu halten: Das können nützliche und sinnvolle Antriebskräfte bei der LebensGestaltung sein. Aber nur solange, wie sie nicht tierisch ernst genommen werden. Dann nämlich wird der Körperkult vom LebensQualitäts-Förderer zum LebensQualitäts-Killer.

Daran, dass eine wachsende Zahl von Menschen ihre LebensQualität davon abhängig macht, dass ihre Nase etwas größer oder kleiner wird als von ihren Genen vorgesehen, verdienen sich einige eine goldene Nase. Das LebensQualitäts-Konto ihrer Kunden dagegen wächst höchstens minimal.

Man kann und soll niemanden daran hindern, beträchtliche Teile seiner Ressourcen in die äußere Erscheinung zu stecken, in dem ohnehin vergeblichen Versuch, auszusehen wie das Ideal. Etwas nachdenklich könnte höchstens die Frage stimmen, ob es wirklich erstrebenswert wäre, wenn alle aussähen wie das Ideal. Mir als Liebhaber der Vielfalt jedenfalls erscheint das als schrecklich langweiliges Szenario...

Gibt es Alternativen zum Körperkult, der einen unerreichbaren idealen Körper anbetet? Ja, wenngleich klar ist, dass es dafür keine allgemein gültigen Rezepte geben kann, nur individuell passende Strategien, die doch mindestens zwei verbindende Inhalte aufweisen müssen, wenn sie zur Förderung der LebensQualität beitragen sollen.

Der erste Grundsatz heißt Selbstakzeptanz. Die biblische Aufforderung zur Selbstliebe heißt schließlich "liebe deinen Nächsten wie dich selbst" und nicht "sei

verliebt in dein unerreichbares Idealbild!".
Selbstakzeptanz erhöht die LebensQualität ungemein.
Das kann ich Ihnen aus eigener Erfahrung versichern.
Seit ich die sich langsam ausbreitenden Jahrringe auf
meinem bislang so flachen Bäuchlein und die sich
vertiefenden Falten auf meiner bis dato so glatten Stirn
als Lauf der Welt akzeptieren kann (»die Dinge sind, wie
sie sind, und darum nicht so schlimm...«), ist mein
seelisches Wohlbefinden gewachsen. Und damit meine
LebensQualität.

Die zweite Aufforderung heißt "Maß halten". Nichts
gegen Schönheitspflege und Sport, gesunde Ernährung
und schicke Klamotten. Lauter wunderbare Beiträge zur
eigenen LebensQualität. Solange sie nicht zur Sucht
werden. Was heißt, dass sie - bei abnehmender Wirkung
- immer mehr Aufmerksamkeit, Zeit und Geld
verlangen. Bis schließlich für andere Elemente von
LebensQualität kaum noch Raum bleibt.

LebensQualität ist vieldimensional, setzt sich
zusammen aus vielen unterschiedlichen Elementen.
Wenn eines davon über das Maß hinaus unsere
Ressourcen absorbiert, bleibt für die anderen zu wenig
übrig, unsere LebensQualität sinkt.

Dieselbe Wirkung hat es auch, wenn wir eines der
Elemente vernachlässigen. Wir können unserem Körper
zu viel Aufmerksamkeit schenken, aber auch zu wenig.
Für beides gibt es Abzüge von unserem
LebensQualitäts-Konto.

Selbstakzeptanz und ein Gespür für das richtige Maß
sind Pfunde, mit denen wir auf diesem Konto wuchern
können - nicht nur in den Körper-Welten.

Eigen-Sinn

Haben Sie sich jemals überlegt, was sich die Evolution dabei gedacht hat, als sie beschloss, jedem Menschen eigene, unverwechselbare Fingerlinien zu geben? Dass die heutige Polizei dank dieser Tatsache ihre Gauner leichter fangen kann, war, jedenfalls nach meiner unmaßgeblichen Meinung, wohl kaum der Grund ...

Allerdings sehe ich weit und breit auch keine Antwort auf die Frage, welchen Überlebensvorteil diese Form von Individualität bringen könnte, und das wäre doch laut Evolutionstheorie die einzig sinnvolle Begründung für die Existenz irgendeines Merkmals der Arten.

So kam mir irgendwann der Verdacht, Individualität sei nicht etwa das Ergebnis von evolutionären Selektionsprozessen, sondern viel tiefer, gleichsam im Wesen der Evolution, angelegt, so als ob diese gar nicht anders könne, als unentwegt Individualität zu produzieren. Wobei sie sich keineswegs auf die menschliche Art beschränkt.

Die individuellen Ausprägungen von Katzen und Hunden, aber auch von Kühen oder Schweinen, sind kaum zu übersehen. Und seit die Wissenschaft danach sucht, findet sie immer mehr auch bei einfacheren Lebewesen ausgeprägte individuelle Abweichungen. So sind die Bewegungen eines einzelnen Fischs beim Schwimmen nie exakt dieselben wie bei seinen Artgenossen.

Doch die Sache mit der Individualität geht noch tiefer, über die Ebene des biologischen Lebens hinaus. Das hübscheste Beispiel dafür: Es gibt keine zwei exakt gleichen Schneeflocken.

Zurück zu unserer eigenen Art. Dass alle Menschen unverwechselbare Individuen *sind*, mit kleinen, aber feinen Unterschieden, war eigentlich immer schon klar. Dass sie es *sein dürfen*, ist eine sehr junge Errungenschaft unserer zivilisatorischen Evolution.

Das ist, jedenfalls in meinen Augen, entschieden ein Fortschritt, auch wenn der Schritt eigentlich einer zurück ist, zu unseren Wurzeln, zu unserer Natur, die nun mal individuell ist und bleibt. Dass manche Individuen noch nicht gelernt haben, mit dieser neu gewonnenen Freiheit sinnvoll umzugehen, ist eine unvermeidliche Nebenerscheinung einer Übergangsphase und spricht keineswegs gegen die mühsam genug errungenen individuellen Freiheiten.

In der ersten Phase eines Befreiungsprozesses steht die Freiheit *von* (alten Zwängen etc.) im Zentrum. Dann aber folgt unvermeidlich bald die Frage, *wozu* man die neuen Freiheiten nutzen könnte. Dabei rückt mehr und mehr die Antwort ins Zentrum: *zur Verbesserung der eigenen LebensQualität.* Ja, wozu denn sonst?

Anfang der Siebziger Jahre des letzten Jahrhunderts verwendete die deutsche Linke den Begriff LebensQualität als politische Parole: »Gebt uns Eure Stimme, und wir geben Euch mehr LebensQualität!" Danach bastelte ein Heer von Wissenschaftlern allerhand Messinstrumente, die anzeigen sollten, wie hoch die LebensQualität eines bestimmten Landstrichs war - von der Luftqualität bis zur Anzahl von Theaterstühlen.

Heute lächeln wir über solche Ansätze, wissen wir doch längst, dass es keine von oben erlassene und allgemein gültige Definition von LebensQualität geben kann. Was LebensQualität für jede und jeden Einzelne(n) von uns ist, können wir nur individuell bestimmen.

Natürlich können wir, wie gerade hier, trefflich darüber philosophieren, was LebensQualität im Allgemeinen bedeutet, doch in unserer Lebensrealität kann LebensQualität immer nur unsere eigene LebensQualität bedeuten.

Diese wird von immer sehr individuellen Faktoren abhängig sein wie Anlagen und Vererbung, wie Eignungen und Neigungen, wie Werten und Vorlieben. Also von dem, was in der Summe und in der Mischung unser persönliches und individuelles *Eigenes* ausmacht.

Unsere LebensQualität ist umso besser, je mehr wir uns bei unserer LebensGestaltung an diesem Eigenen orientieren und ausrichten können, je mehr wir unser Eigenes leben.

Noch aus den zum Glück verflossenen Zeiten, in denen Individualität schlecht angeschrieben war, stammt die Vorstellung, eine individualisierte Gesellschaft sei eine Ansammlung von isolierten eigenbrötlerischen Sonderlingen ohne jeden Sinn für Gemeinschaft. Die Erfahrungen, die wir mit dieser Lebensform gemacht haben, zeigen, dass es sich dabei um ein Schreckgespenst handelt.

Im Eigenen Sinn zu finden, sich an den eigenen Werten zu orientieren, das Eigene liebevoll zu akzeptieren, sind elementare Voraussetzungen für LebensQualität in Zeiten der Individualisierung. Mit derselben Einschränkung wie bei allen anderen: So lange sie nicht verabsolutiert werden.

Dieses Wissen ist bereits weit verbreitet. Stur nur seine Individualität zu pflegen, ohne nach links und rechts zu schauen, ist ein LebensQualitäts-Killer. Nur nach links und rechts zu schauen und dabei das Eigene aus dem Auge zu verlieren, allerdings auch.

Eigenwillig, ja eigensinnig zu sein, sind im Zeichen des zukunftsträchtigen Leitwertes LebensQualität keine Beschimpfungen mehr, sondern Ausdruck von LebensKunst. "Eigensinn macht Spaß!", sagte einst ein großer Dichter, und wo er Recht hat, hat er Recht. Denn schließlich ist auch eine ordentliche Portion Spaß Teil von LebensQualität.

Einen kleinen Wermutstropfen enthält diese freudvolle Botschaft: Bevor wir daran denken können, unserem Eigenen zu folgen und es zu leben, darin gar Eigen-Sinn zu entdecken, müssen wir dieses Eigene erst mal kennen.

Herauszufinden, welche Zutaten und welche Mischungsverhältnisse das Eigene unseres Lebens-Cocktails wirklich ausmachen, ist eine echte Herausforderung, und Selbsterkenntnis gelingt selten über Nacht. Macht nichts, wir haben Zeit genug zu entdecken, worum es bei unserem Eigenen und damit bei unserer eigenen LebensQualität eigentlich geht...

Authen-
tisch

Ach, erschlössen sich doch Wesen und Sinn mancher Worte in ihrer ganzen Tiefe und sofort allen, die es hören, dann könnten wir uns viele Wörter sparen. Die ganze Gilde der Kommunikationstrainer etwa könnte ihre Botschaft zu einem winzigen Sätzchen eindampfen: Sei authentisch!

Dasselbe gilt natürlich auch für zukünftige LebensQualitäts-Coaches. Authentisch zu sein ist der Anfang eigener LebensQualität.

Wenn Ihnen aufgeschwatzt wird, zur LebensQualität gehöre es unbedingt zu segeln, und Sie folgen dieser Order, obwohl Sie leicht seekrank werden, dann sieht es für Ihr LebensQualitäts-Konto mies aus. Dasselbe gilt natürlich auch fürs Bergsteigen trotz fehlender Schwindelfreiheit... In beiden Fällen sind Sie nicht authentisch, wenn Sie sich darauf einlassen.

Wenn jemand anderes nicht authentisch ist, merken wir das sofort, wir haben ein feines Gespür dafür. Ob wir selber authentisch sind, ist nicht ganz so leicht einzuschätzen. Schließlich meint authentisch sein, im Einklang mit sich selbst zu leben, sich selber treu zu sein.

Gemeint ist mit "sich selbst" natürlich das unverwechselbare individuelle Eigene, und um diesem treu sein zu können, muss man es erst mal gründlich kennen.

Das ist schon deswegen nicht ganz einfach, weil uns das Objekt unserer Selbsterkenntnis sozusagen ständig davon läuft, weil wir uns ständig verändern. Was gestern als Beschreibung unserer authentischen Persönlichkeit noch bestens gepasst hat, muss es das heute nicht mehr tun - und morgen schon gar nicht.

Uns selber treu zu sein, kann also nicht bedeuten, dass wir uns wie sture Böcke verhalten, die kein Jota von der einmal gewählten Position abweichen. Vielmehr ist es wie bei der Treue in einer Partnerschaft, die ja nicht einfach liebevolle Loyalität zum Partner meint, so wie er mal war, sondern auch ein ebenso liebevolles Akzeptieren seiner Entwicklungen und Veränderungen. Wie sollte es bei der Treue zu sich selbst anders sein?

Beim Abenteuer der Selbstentdeckung werden wir allerdings vermutlich auch auf Bereiche stoßen, die wir als festen, unverrückbaren Kern unseres Wesens empfinden und erleben, auf Eigenschaften unserer Persönlichkeit, die sich durch noch so viele unsere Existenz erschütternde Erfahrungen nicht wirklich ernsthaft verbiegen lassen. Dann lassen wir sie am besten stehen.

Authentisch sein, sich selber treu zu bleiben - das wird immer eine Gratwanderung sein zwischen Stabilität und Wandel, zwischen Festigkeit und Flexibilität. Doch als Lohn für die Meisterung dieser Aufgabe winkt eine verbesserte LebensQualität.

Nach meinen Erfahrungen funktioniert der Zusammenhang zwischen Authentizität und LebensQualität auch umgekehrt: Wenn sich durch unsere Denkmuster, Überzeugungen und Handlungen unsere LebensQualität verbessert, dann haben wir ein untrügliches Zeichen dafür, authentisch gewesen zu sein. Verschlechtert sich dagegen unsere LebensQualität, waren wir mit großer Wahrscheinlich-keit nicht authentisch. Anders gesagt: Wer nicht authentisch ist, den bestraft das Leben.

Und zwar doppelt. Zunächst strafen wir uns selber, wenn wir zu weit von dem durch unseren eigenen inneren Kompass vorgegeben Kurs abweichen. Wir fühlen uns dann verloren, nicht im Einklang mit uns selbst. Kein angenehmer Zustand fürwahr, weit von wahrer LebensQualität entfernt.

Gestraft werden wir aber auch von unseren Mitmenschen, wenn wir denen in eigener Sache ein U für ein X vormachen wollen. Natürlich lassen sich die eigenen Schwächen ein Weilchen lang vertuschen, und die eigenen Stärken zu Übergröße aufblasen. Doch auf Dauer geht das schief. Nur, wenn wir uns so geben, wie wir sind, lässt sich eine nachhaltige Beziehung zu anderen Menschen aufbauen.

Und das natürlich auch nur, wenn wir akzeptieren, dass authentisch sein ein Tausch ist, der auf Gegenseitigkeit beruhen muss, wenn er funktionieren soll. Jeder Mensch hat seine besondere eigene Wirklichkeit, der er treu bleiben will und muss, um eine hohe Qualität des Lebens zu erzielen. Diese jeweils besonderen individuellen und authentischen Lebenswirklichkeiten sind zunächst alle gleichwertig, und alle haben ein Recht darauf, dieser ihrer eigenen Wirklichkeit treu bleiben zu wollen.

Dümmer wird es erst, wenn beim Austausch zwischen unterschiedlichen Wirklichkeiten alle auf ihrer eigenen beharren, denn dann ist es mit dem Austausch ziemlich rasch vorbei. Niemandem fällt der berühmte Stein aus der Krone, wenn er auch andere Standpunkte als die eigenen als möglich akzeptiert, und niemand wirkt weniger authentisch, bloß weil er Elemente anderer Wirklichkeiten in seine eigene einbaut und integriert.

Auch bei diesem Tun gibt es letztlich nur ein entscheidendes Kriterium, das darüber entscheidet, ob eine Ergänzung der eigenen Werte und Überzeugungen durch andere sinnvoll ist oder nicht, nämlich die Frage, ob dadurch die eigene LebensQualität verbessert oder verschlechtert wird.

Bevor wir uns dem harten Test in der Realität aussetzen, können wir die Frage, wie wir uns am besten treu bleiben, ob durch Festhalten am Kern oder durch Loslassen an der Oberfläche, oft schon in Form eines Gedankenspiels beantworten. Indem wir die Auswirkungen einer Entscheidung innerlich simulieren, können wir mit hoher Präzision spüren, wie sich diese Konsequenzen anfühlen.

Je älter und reifer wir werden, desto weniger müssen wir also in der Praxis jeden Blödsinn ausprobieren. Wir entwickeln eine empfindliche Antenne dafür, was uns entspricht und was nicht. Es dürfte sich bei dieser Antenne, die misst, wie authentisch wir sind, um dieselbe handeln, die uns über den Stand unserer LebensQualität Bescheid gibt ...

Mit-
Menschen

Ginge es nach den Wünschen von SensoNet, dem Zukunftsnetz der nachdenklichen VordenkerInnen, dann wäre die Sache klar: LebensQualität sollte zum allgemeinen Leitwert werden.

Das gilt sowohl für die eigene LebensGestaltung als auch für jene anderer Menschen. Entsprechend rangiert LebensQualität in einer "Hitparade der heißen Werte" bei der Bewusstseins-Elite ganz oben.

Und noch eine Vermutung wird von SensoNet bestätigt: Wir werden immer mehr zu LebensGestaltern. Diese Entwicklung wird im allgemeinen zwar begrüßt, doch wird auch immer wieder die Angst spürbar, eine Gesellschaft von individuellen LebensGestaltern könnte eine kalte und herzlose Gesellschaft werden, weil alle LebensGestalter nur auf ihren eigenen, egoistischen Vorteil achten und ihre Mitmenschen vergessen.

Sind diese Ängste berechtigt? Ist die Pflege der eigenen LebensQualität tatsächlich ein egozentrisches Unterfangen, das zu Vereinzelung und damit dem Zerfall der Gesellschaft führt?

Dagegen spricht zunächst, dass wir bei LebensQualität keineswegs nur an unsere eigene denken. Dieselben Menschen, die in meiner Studie LebensQualität als idealen Leitwert für sich selbst und andere Individuen bezeichnet haben, möchten den Grundsatz "möglichst hohe LebensQualität für möglichst viele" gerne auch zur allgemein akzeptierten Richtschnur für gesellschaftspolitisches Handeln machen.

Noch deutlicher wird es, wenn wir danach fragen, wovon die eigene LebensQualität abhänge. "Dass nicht nur meine, sondern auch die LebensQualität vieler anderer stimmt", ist demnach ein wichtiges Kriterium für die eigene LebensQualität. Und gar das wichtigste lautet: "Dass es Menschen gibt, die mir etwas bedeuten, und denen ich etwas bedeute."

Haben wir es doch geahnt: Die LebensQualität von isolierten Einsiedlern ist ein Nischenprodukt. Normale Menschen brauchen für ihre LebensQualität Mit-Menschen. Und sie wollen, dass deren LebensQualität ebenfalls mindestens befriedigend ausfällt.

Überraschend kommt das nicht, denn Menschen sind nun mal soziale Wesen, und das ist ihnen meistens auch bewusst. Wir haben gelernt, dass es eine Gemeinschaft nicht verträgt, wenn sie aus lauter rücksichtslosen Egomanen besteht. Und deshalb haben wir Grundregeln des menschlichen Miteinanders entwickelt, wie etwa "was du nicht willst, das man dir tu, das füg auch keinem andern zu!" oder "die eigene Freiheit findet ihre Grenzen an der Freiheit anderer".

Diese minimalen Regeln dienen in der Regel dazu, unerwünschtes Verhalten zu verhindern: "Du sollst *nicht* ...!" Dass diese Verbote großmehrheitlich eingehalten werden, ist eine gewaltige und nicht zu unterschätzende Leistung unserer Zivilisation.

Nichtsdestotrotz stellt sich die Frage, ob im Zeitalter der Individualisierung eine reine Negativliste als gesellschaftlicher Kitt noch genügt. Die Frage ist neu, denn die klassischen Gesellschaftsverträge wurden nicht von Einzelnen abgeschlossen, sondern von größeren gesellschaftlichen Gruppen, etwa den Schichten oder den Generationen.

Diese einst so homogenen Gruppen sind längst in ihre individuellen Einzelteile zerfallen, was nur die Politiker noch nicht gemerkt haben. So verbeißen sie sich im Namen irgendwelcher fiktiver Gruppeninteressen weiterhin in Grabenkämpfen. Von kühnen Architekten sind sie zu griesgrämigen Notfallklempnern geworden, statt kreativem Ringen um attraktive Visionen gibt es kleinlichen Streit um Kosmetik.

Das ist für eine Gesellschaft, die sich vor gewaltige Herausforderungen gestellt sieht, schlicht zu wenig. Wir werden nur dann aus dem Wandel das Beste für alle herausholen können, wenn über die Zielrichtung von gesellschaftspolitischen Tun (und Lassen!) eine grundsätzliche Übereinstimmung besteht - die immer noch genug Raum für Auseinandersetzungen um die Einzelheiten lässt.

Der Grundsatz "möglichst viel LebensQualität für möglichst viele" hat das Zeug dazu, zur allgemein akzeptierten Richtschnur zu werden, zur Basis eines neuen, zwischen Individuen abgeschlossenen Gesellschaftsvertrags, der erstmals eine positive, konstruktive Zielsetzung vorgibt.

Und zudem auf einer ganz einfachen Einsicht basiert: Meine eigene LebensQualität ist untrennbar verbunden mit der LebensQualität meiner Mit-Menschen.

Um dieser Einsicht Taten folgen zu lassen, brauchen wir nicht auf einen neuen Gesellschaftsvertrag zu warten. Das alltägliche Miteinander bietet reichlich Gelegenheit dazu. Was kein Aufruf dazu ist, sich in Mildtätigkeit und Selbstlosigkeit zu üben. Es geht nämlich auch mit einem einfachen Kalkül: Pflege ich die LebensQualität meiner Mit-Menschen mit, tut das meinem eigenen LebensQualitäts-Konto gut.

Wohlverstanden: Niemand kann uns die Verantwortung für unsere eigene LebensQualität abnehmen, und genau so wenig können wir das für andere tun. Doch wie in der Volkswirtschaft ist ein reger Austausch zwischen individuellen LebensQualitäts-Konten ein Zeichen für Gesundheit und Wachstum.

Wo wir schon bei Wirtschaft sind: Auch das wäre der absolute Wunschtraum von SensoNet (und vermutlich auch von Ihnen): "»Wie fördere ich die LebensQualität meiner Kunden?« wird zur Leitfrage aller Anbieter von Produkten und Dienstleistungen". Wofür die Anbieter zunächst wissen müssten, was LebensQualität für ihre Kunden bedeutet.

Dazu können sie entweder im Geiste in deren Rolle schlüpfen (wie hätte ich es denn in dieser Lage gerne?), oder sie können sie konkret fragen. Beide Strategien lassen sich - auch gemischt - eins zu eins auf Zwischenmenschliches übertragen: Gespräche darüber, was LebensQualität, gemeinsam und unterschiedlich, bedeutet, können sehr erhellend und befruchtend sein ...

Vor Ort

"Sich um seine eigene LebensQualität kümmern zu können, ist der höchste Luxus." Selbst in der zugespitzten Version von "höchstem Luxus" fand diese Behauptung weitgehende Zustimmung bei meinen Gewährsleuten von der Bewusstseins-Elite.

Wohl war. Es ist ein ausgesprochenes Privileg, die nötigen Freiräume dafür zu haben, auf allen Ebenen LebensGestalter zu sein.

Das Wort "Freiräume" können wir dabei ganz wörtlich nehmen: Es geht bei LebensQualität auch um freie Räume, um die Freiheit, sich zwischen verschiedenen Räumen entscheiden zu können. Zwei konkrete Fragen gibt es dabei zu beantworten: Wo will ich leben? Wie oft will ich da sein, und wie oft unterwegs?

Auf die Frage, wo sie leben *wollen,* wären die meisten Menschen bis vor kurzem von selber nie gekommen.

Sie waren vollauf damit beschäftigt, sich um die Frage zu kümmern, wo sie leben *können*. Und das war entweder der Ort, an dem sie geboren wurden, oder jener, an den sie kriegerische Vertreibung oder wirtschaftliche Not hin trieb. (Dass dies in vielen Gegenden dieser Erde nach wie vor der Normalzustand ist, zeigt nur erneut, wie gut wir es haben.)

Wir Zeitgenossen haben die Möglichkeit, als unseren Lebensmittelpunkt jenen Ort zu wählen, an dem unsere LebensQualität am höchsten ist. Natürlich sind wir dabei nicht völlig frei, Notwendigkeiten und Zufälle spielen weiterhin eine Rolle.

Und Freiheit bedeutet auch nicht einfach Beliebigkeit. Wir können LebensQualität nur erreichen, wenn wir unser Eigenes leben, diese unverwechselbare Mischung aus Erbe und Erfahrung. Das gilt auch, wenn wir unseren Platz im Raum suchen.

Nehmen wir ein Beispiel: Es gibt nicht nur in der schönen Kindergeschichte Stadtmäuse und Landmäuse, sondern auch im wirklichen Leben. Muss eine Stadtmaus ihren Lebensmittelpunkt aufs Land verlegen, gefährdet das ihre LebensQualität aufs Netteste. Und umgekehrt.

Und neben den reinrassigen Mäusen gibt es auch allerlei Mischformen. Glücklicherweise gibt es für all diese individuellen Vorlieben das passende Angebot: Wir können an jenem Ort leben, der am besten zu uns passt. Das ist ein Segen für unsere LebensQualität.

Ganz von selbst fließt auch dieser Segen nicht auf unser LebensQualitäts-Konto. Bevor wir den passenden Ort finden können, müssen wir erst mal wissen, was wir eigentlich brauchen und wollen. Und das steht auch nicht ein für allemal fest, unsere örtlichen Vorlieben können vielmehr im Laufe eines langen Lebens ein paar Mal wechseln.

So wird es sich kaum vermeiden lassen, dass sich die Suche nach unserem eigenen Ort des Öfteren nach dem Prinzip von Versuch und Irrtum gestaltet...

Doch der Aufwand lohnt sich. Am richtigen, das heißt am eigenen Ort, zu leben, ist eine wichtige Komponente von LebensQualität. Meine Gewährsleute sagen, die eigene LebensQualität hinge nicht gerade total, aber doch stark davon ab, "dass ich an einem Ort lebe, der mir Kraft gibt". Offenbar merken immer mehr Menschen, dass unterschiedliche Orte unterschiedliche Wirkungen auf sie haben, und dass es sich lohnt herauszufinden, welcher Ort am meisten Kraft gibt.

Das ist das Schöne an LebensQualität: Wir müssen sie alle auf denselben Feldern suchen. Was wir dann finden, ist dann allerdings so verschieden wie der Unterschied zwischen Stadt- und Landmaus.

Das gilt auch für den zweiten Aspekt von LebensQualität, der mit unserer Einordnung im Raum zu tun hat: Die Balance zwischen "da sein" und "unterwegs sein". "Dass ich hier meine eigene Mischung leben kann" - auch das hat nach übereinstimmender Ansicht eine starken Einfluss auf die eigene LebensQualität.

Dass wir unseren eigenen Ort finden wollen und müssen, liegt an unserer grundsätzlichen Existenz in Raum und Zeit. Dass unsere LebensQualität von der eigenen Mischung zwischen da und unterwegs Sein abhängt, ist in der menschlichen Geschichte begründet: Den größeren Teil derselbigen haben wir als Nomaden verbracht, die vergleichsweise kurzen, aber sehr prägenden letzten zehntausend Jahre sesshaft. Beides ist als Erbe und Antrieb in uns drin, wenn auch unterschiedlich gemischt.

Auch hier gibt es die extremen Pole der Skala, den lebenslangen Stubenhocker auf der einen und den unruhigen Weltenbummler auf der anderen Seite. Häufiger sind auch hier die Mischformen. Und dass es Lebensphasen gibt, in denen mal eher die eine Seite dominiert, und dann wieder die andere, lehrt ebenfalls die Erfahrung.

Deshalb gilt wieder: Die Frage, welche Mischung zwischen Sesshaftigkeit und Mobilität die für mich gerade passende sei, ist universell gültig, denn von ihrer Beantwortung hängt die eigene LebensQualität nicht unbeträchtlich ab. Doch die passenden Antworten werden so individuell ausfallen wie Fingerabdrücke.

Ein nicht mehr ganz junger Freund, der viel in der Welt herum gekommen war, freiwillig und anders, erzählte mir neulich, er hätte zum ersten Mal in seinem Leben das Gefühl, Wurzeln schlagen zu können, und das täte ihm sehr gut. Ich hatte das Glück, das schon etwas früher entdecken zu dürfen, aber gedauert hat es auch bei mir. Woraus sich ableiten lässt, es sei nie zu spät, einen Ort zum Wurzeln schlagen zu finden.

Da fühle ich mich wie ein Baum: Die Wurzeln müssen tief hinab reichen, damit die Zweige in den Himmel wachsen können. Zugleich weiß ich natürlich auch, dass ich kein Baum bin, sondern ein mobiles Wesen, und deshalb liebe ich ebenso die Vorstellung von Heimat als Basislager, dessen Zweck nicht ist, dort hocken zu bleiben, sondern aufzubrechen und wieder zu kommen an einen Ort, wo man Kräfte tanken kann.

Unsere LebensQualität ist nicht unbedingt ortsgebunden. Aber zur richtigen Zeit am richtigen Ort zu sein, hilft ihr schon gewaltig auf die Sprünge.

Fließ-Zeit

Auch wenn wir bis in alle Ewigkeit über die Gründe rätseln mögen, fest steht nun mal: Wir existieren in Raum und Zeit. Und während es schon schwierig genug ist, seinen Platz im Raum zu finden, gestaltet sich die Suche nach der richtigen Position in der Zeit noch kniffliger. Denn hier haben wir es nicht mehr mit stabilem Raum zu tun, sondern mit einem fließenden Zeitstrom. Da hilft nur eines: schwimmen lernen.

Nur: In welche Richtung sollen wir dabei schauen - zurück oder vorwärts? Oder bleiben wir doch besser ganz entspannt im Hier und Jetzt? Gibt es gar am Horizont eine neue Art, sich dem ewigen Rätsel Zeit anzunähern?

Der Zeitgeist hat in den letzten Jahrzehnten alle klassischen Varianten durchgespielt. Die Siebziger (im Gefolge von 1968) waren noch sehr vergangenheitsorientiert, was man nicht zuletzt an ihren ziemlich rückwärtsgewandten Utopien sehen konnte. In den Achtzigern zählte nur der unmittelbare Eindruck der Gegenwart, und die Neunziger gaben sich seligen Zukunftsträumen vom kommenden Schlaraffenland hin.

Und heute und in Zukunft? Eben habe ich mir die Antworten auf entsprechende Fragen angeschaut, die ich meinem Zukunftsnetz gestellt habe. Demnach leben heute zwei von drei hauptsächlich in der Gegenwart, während noch vor zehn Jahren jede(r) Zweite vorwiegend in der Zukunft gelebt hat.

Und in zehn Jahren? Dannzumal sieht sich noch rund die Hälfte ganz entspannt im Hier und Jetzt leben. Vier von zehn wählen für ihre künftige bevorzugte Orientierung im Zeitstrom eine erst einmal seltsam klingende Formulierung: "im evolutionären Zeitstrom (die Grenzen zwischen gestern, heute und morgen sind fließend)". Nennen wir diese Art, im Zeitstrom zu navigieren, vorerst "Fließzeit".

Ich wollte es noch etwas genauer wissen und habe deshalb einzeln gefragt, ob man im Laufe der letzten zehn Jahre an sich selbst eine Tendenz festgestellt habe, sich der einen oder anderen Seite des Zeitstroms verstärkt zuzuwenden.

Die Antworten zeigen: Es geht bei der Wahl zwischen Vergangenheit, Gegenwart und Zukunft nicht um "entweder - oder", sondern um ein "entschiedenes sowohl - als auch". Die meisten nachdenklichen VordenkerInnen aus der Bewusstseins-Elite haben sich sowohl verstärkt an der Gegenwart wie an der Zukunft als auch an der Fließzeit orientiert, und bei einer großen Minderheit gilt dies auch für die Vergangenheit. Alle Zeitdimensionen verzeichnen beträchtliche Zuwächse.

Das lässt nur einen Schluss zu: Die Sensibilität für die Zeit ist generell gewachsen, und ebenso unser Bewusstsein dafür, dass wir uns nicht auf eine Zeitdimension beschränken können, sondern alle im Auge behalten und sie zu einem einzigen evolutionären Zeitstrom verbinden sollten.

Beide Trends werden weiter gehen, wie eine Zukunftsprojektion ergab: Wir werden uns weiterhin gleichzeitig verstärkt der Vergangenheit und der Gegenwart und der Zukunft zuwenden, am stärksten aber der Vorstellung von Fließzeit.

Und das wird uns gut tun: Laut unseren Gewährsleuten wirkt sich jede verstärkte Hinwendung zur Zeit positiv auf die LebensQualität aus, egal, ob man sich vermehrt auf Vergangenheit, Gegenwart, Zukunft oder Fließzeit einlässt. Zeit tut gut.

Nachdem das geklärt ist, können wir uns jetzt vertieft mit der Bedeutung dieser ominösen Fließzeit beschäftigen. Diese Vorstellung von Zeit ist zunächst ein Bekenntnis zum entschiedenen sowohl - als auch. Man muss schon die Zeiten erlebt haben, in denen in den vorherrschenden Denkmustern des entweder - oder beängstigende Enge herrschte, um den Segen ermessen zu können, den die Einsicht gebracht hat, es gäbe in den meisten entscheidenden Fragen unseres Lebens sehr wohl eine Auswahl jenseits des krassen und sich ausschließenden Gegensatzes von Schwarz und Weiß. Ob es sich dabei um differenzierte Grautöne handelt oder um raffiniert gemischte Farben, ist weniger wichtig als der Gewinn an Freiheit und LebensQualität, den uns diese Öffnung des Denkens gebracht hat.

Wenn Vergangenheit und Zukunft keine einander ausschließenden Gegensätze mehr sind, sondern einfach unterschiedliche Richtungen desselben Zeitstroms, wird die Gegenwart zur Brücke zwischen beiden, und die Vorstellung, die Grenzen zwischen allen dreien seien fließend und durchlässig, zur Selbstverständlichkeit.

Mit dieser neu gewonnenen Sensibilität für die Natur der Zeit können wir auch bewusster - und spielerischer - mit all ihren Aspekten umgehen. Wir können unsere Lehren aus der Vergangenheit ziehen und zugleich mit einem erlösenden Seufzer feststellen, sie sei vorbei. Wir können uns verstärkt unsere Zukunft ausmalen - nicht irgendeine, sondern jene, welche die beste LebensQualität für möglichst viele bringt - und zugleich akzeptieren, dass die Zukunft zuletzt vermutlich doch macht, was sie will.

Wir sind auch frei darin, unsere Erinnerungen nicht als Ballast zu sehen, den wir auf ewig unverändert herum schleppen müssen, sondern als Rohmaterial für einen Remix, der für Gegenwart und Zukunft besser taugt als der alte Stoff.

Unserem LebensQualitäts-Konto ist es im Übrigen sicher zuträglich, wenn wir uns besonders intensiv der Gegenwart zuwenden, schließlich empfinden und erleben wir in keiner anderen Zeitdimension so intensiv wie im Hier und Jetzt. Unsere Antennen für gestern und morgen werden dadurch nicht beeinträchtigt.

Allerdings sollten wir uns auch nicht überfordern. Gleichzeitige totale Achtsamkeit für alle Dimensionen der Zeit ist höchstens für Erleuchtete zugänglich. Wir Normalos können uns damit trösten, dass alles in unserem Leben seine Zeit hat und nacheinander erlebt werden kann. Das gilt natürlich auch für all die Strudel im Strom der Fließzeit.

Evolution

Vor vielen Jahren ging ich einmal mit Herzschmerz belastet durch einen Park. Es war Vorfrühling und noch ungemütlich, was erste vorwitzige Schneeglöckchen nicht daran hinderte, ihren Kopf an die kalte Luft zu recken. Eine dieser Blumen wurde von meinem düster umwölkten Gemüt angesprochen: »Du hast sicher auch nicht darum gebeten, das warme Erdreich mit dieser eisigen Luft zu vertauschen...«

»Oh doch«, sprach daraufhin das Blümelein, »genau das wollte ich, denn meine Zeit war gekommen.«

Seither muss ich nicht mehr mit Blumen sprechen, um zu wissen, dass Stillstand tatsächlich Tod bedeutet, und dass ich mich wirklich lebendig nur fühle, wenn ich Bewegung und Entwicklung in meinem Leben spüre. Andere haben das vielleicht weniger abseitig gelernt, aber gelernt haben sie es.

Unter allen Bedingungen für die eigene LebensQualität steht "dass ich nicht still stehe, sondern mich weiter entwickle" auf Rang drei der wichtigsten Elemente von LebensQualität.

Im alten China gab es eine Verwünschungsformel: "Mögest du in interessanten Zeiten leben!" Interessante Zeiten waren solche der Entwicklung, des Wandels, und das war in einer ganz auf Stabilität ausgerichteten Gesellschaft verpönt. Doch so weit müssen wir gar nicht gehen. Auch hier zu Lande war bis zu Darwin die Vorstellung selbstverständlich, all die vielfältigen Arten von Flora und Fauna seien seit der Schöpfung unverändert.

Im Gegensatz zu anderen einst revolutionären Vorstellungen (etwa jener, die Erde kreise um die Sonne) hat sich das Modell der Evolution der Arten erstaunlich schnell durchgesetzt. Von Ausnahmen abgesehen, zweifelt heute kein vernünftiger Mensch mehr daran, dass alle heutigen Arten, inklusive des Menschen, der momentane Zwischenstand eines evolutionären Prozesses sind, der weiter gehen wird.

Nun hat allerdings der Begriff der Evolution für viele einen unangenehmen Beigeschmack. Man hat im Kopf, es ginge dabei um das Überleben des Stärksten, was ziemlich brutal klingt und sich als Vorbild für ein humanistisches Bild vom menschlichen Zusammen-leben schlecht eignet.

Dabei geht es streng genommen um das Überleben der am besten Angepassten, und auch die übel klingende "Selektion" ist nichts anderes als eine einfache Spielregel: "Wer nicht überlebt, fliegt raus. Wie ihr aber euer Überleben organisiert, ist ganz und gar eure Sache." Was besonders uns Menschen nützt, weil wir als Mitgift der Evolution ein breites Verhaltensspektrum bekommen haben.

Für allfällige Missdeutungen kann der Begriff der Evolution nichts, er bedeutet schließlich ganz einfach und neutral "Entwicklung". Und verweist damit auf etwas, das in unserem eigenen Leben ohnehin unausweichlich stattfindet.

Interessant ist es allerdings schon, dass wir gelernt haben, diese Tatsache nicht nur zu akzeptieren, sondern auch zu begrüßen und als wertvolles Element unserer LebensQualität zu begreifen. Wir sind auf dem besten Wege, den Wandel lieben zu lernen.

Auch das ist nicht immer einfach. Wenn wir gerade mitten in einem Abwärtsstrudel stecken, würden wir liebend gerne zum verlorenen Zustand der Stabilität zurückkehren. Da kann ein Blick auf die Evolution der Arten entspannend wirken, nicht im Sinne eines Vorbildes, dem wir nachzueifern hätten, sondern als Vor-Bild, das uns lehrt, wie das mit der Evolution so läuft. Schließlich hat uns diese Evolution zu dem gemacht, was wir sind, und es ist nicht anzunehmen, dass unsere persönliche Evolution ganz anderen Mustern und Gesetzen folgt als die biologische.

Lernen können wir von der Evolution zum Beispiel, dass sich Entwicklung meist in vielen kleinen Schrittchen abspielt und nur selten in großen Sprüngen. Oder dass die Evolution viele Bewegungsmuster kennt - Zick-Zack-Kurse und Krebsgang (zwei vor, eins zurück, und manchmal auch umgekehrt), auf- oder abwärts führende Spiralen und ganz und gar chaotische Bewegungen - nur eines so gut wie gar nicht: die gerade Linie.

Oder betrachten Sie sich mal einen männlichen Pfau oder Ihre Nachbarin, und Sie wissen, dass die Evolution eine Neigung zu gar seltsamen Blüten hat, eine Neigung, die Spuren auch in Ihrem Leben hinterlassen haben könnte.

Umgekehrt nötigt die Evolution auch immer wieder Respekt und Bewunderung für die Genialität ihrer Produkte ab, und das kann das Vertrauen nähren, sie würde auch die Entwicklung unseres Lebens einigermaßen hinkriegen.

Dass daraus selten eine sanfte Tour wird, liegt daran, dass auch die Evolution nichts Besseres erfunden hat als das gute alte Prinzip von Versuch und Irrtum. Wenn aus dem Versuch ein Erfolg wird, ist das ja wunderbar, aber im Falle eines Irrtums bekommen wir als Beteiligte unserer eigenen Evolution manchmal ganz schön eins auf die Nase, worüber uns nur die Erkenntnis hinweg trösten kann, wir hätten bestimmt wieder was dabei gelernt.

Was genau, erkennen wir allerdings oft erst mit Verspätung. Macht nichts, wir haben schließlich Zeit, und zwar immer mehr, unsere durchschnittliche Lebenserwartung wächst immer noch jedes Jahr um einige Wochen.

Zugegeben, ich mag ja ein außergewöhnlich inniges Verhältnis zur Evolution haben, doch geschadet hat das meiner LebensQualität nicht, im Gegenteil: Indem ich mein Leben als einen potenziell bis ins hohe Alter weiter gehenden Prozess der Evolution betrachten kann, bin ich gelassener geworden, und achtsamer für das dabei wirkende Spiel von Notwendigkeit, Zufall und eigenem Handlungsspielraum.

Ich habe ein besseres Gespür für die Hauptströme und Nebenäste der kulturellen Evolution entwickelt, und erlebe mich intensiver als in die Evolution des Lebens eingebetteter Teil der mich umgebenden Natur. Beides sind wichtige Aktiven auf meinem LebensQualitäts-Konto.

Gut zu
wissen

»Interesse ist die intellektuelle Form von Liebe.« Wenn dieser Satz von Thomas Mann stimmt, muss ich die Welt ziemlich ausgeprägt lieben. Mich interessiert nämlich so ziemlich alles an ihr: Was war, ist und sein wird. Wie sich die Welt aufbaut, wie ihre einzelnen Elemente zusammenhängen und zusammenspielen. Was sie zusammenhält, auf der Oberfläche und im Innersten.

Mich interessiert, wie Menschen ticken, aber auch, was Tiere bewegt. Mich interessieren menschliche Gemeinschaften, kleine und große, wirtschaftliche und kulturelle Systeme, aber auch die Fließmuster von Wolken und Vogelschwärmen.

Was Wissensdurst ist, weiß ich, denn ich würde im Zweifelsfalle immer Wissen jeglicher Art von Besitz vorziehen. Und während ich beim Konsum, ja generell bei jeglichem Tun, die Weisheit von "weniger kann mehr sein" sehr wohl zu schätzen weiß, und gut verstehe, warum Gier zu den Todsünden gezählt wird, betrachte ich Neugier als Kardinalstugend. Nicht die Neugier, die unter die Bettdecken von Promis linsen lässt, sondern jene, die ganz einfach wissen will.

Ich war lange durchaus gewillt, diesen Drang nach Wissen als Spleen der aussterbenden Gattung freier Intellektueller zu betrachten, nicht besonders nützlich unter ökonomischen Gesichtspunkten, aber sehr gut geeignet, mein eigenes LebensQualitäts-Konto zu äufnen.

Doch so ausgefallen ist der Zusammenhang zwischen Wissen und LebensQualität offenbar doch nicht. Als ich nämlich mein Zukunftsnetz von nachdenklichen VordenkerInnen fragte, was ihre LebensQualität beim Konsum fördern könnte, rangierte die Äußerung "alles, was mein Wissen vermehrt" ganz weit oben.

Und als ich fragte, wann das Medium Zeitung die eigene LebensQualität fördere, waren die beiden Spitzenplätze belegt von "wenn sie mein Wissen vermehrt" und "wenn sie Hintergründe aufzeigt".

Das ist gut zu wissen. Vielleicht sollten die Verleger auf ihre Produkte in der Schriftgröße der Warnungen auf den Zigarettenpackungen den Hinweis aufdrucken: Achtung: Zeitung lesen fördert Ihre LebensQualität!

Wir wissen es auch so: Den eigenen Wissensdurst zu stillen, tut gut. Schließlich ist er uns ebenso angeboren wie der Durst nach Flüssigkeit, und wenn wir so manchen unserer Verwandten unter den Säugetieren aufmerksam beobachten, realisieren wir, dass die Wurzeln von Neugier tief in die Geschichte der Evolution hinab reichen.

Dummerweise werden die daraus wachsenden Zweige im Laufe der Geschichte eines menschlichen Wesens meist ziemlich wirksam abgeknipst. Oder wie könnte es sonst kommen, dass die massenhaft auftretende kindliche Neugier sich bei so Vielen bis ins Erwachsenenalter weitgehend verflüchtigt hat?

Oder wie kommt es, dass jene Institution, die laut ihres Namens Wissen schafft, also die Wissenschaft, zwar vorhandenes Wissen effizient verwaltet und weiter gibt, doch - verglichen mit dem betriebenen Aufwand - wirklich neues Wissen nur in sehr bescheidenem Umfang schafft?

Überlassen wir das Grübeln berufeneren Geistern, und freuen wir uns stattdessen darüber, dass es gesellschaftliche Reservate gibt, in denen Wissen als wirksamer Beitrag zur eigenen LebensQualität geschätzt wird.

Was wissen wir über Wissen? Die Frage ist nicht ganz ohne Bedeutung, wenn wir Wissen als Ressource für LebensQualität nutzen wollen. Einiges ist klar. Zum Beispiel, dass Wissen mehr ist als die Addition von Informationen. Zum Wissen gehören Zusammenhänge, Hintergründe und die Fähigkeit, neue Informationen zu bewerten und einzuordnen. Ohne Vorwissen gibt es deshalb kein Wissen.

Wissen lebt. Die Erkenntnisse von gestern sind die Irrtümer von heute, und das geht so weiter. Wissen wird ständig erneuert, umorganisiert, neu geordnet. Wissen ist kein Zustand, sondern ein Prozess. Das unterscheidet Wissen von Glauben, und das ist der Grund, warum ich im Zweifelsfall das Wissen dem Glauben vorziehe.

Wissen ist unbegrenzt, *unser* Wissen ist limitiert. Es erscheint paradox: Je mehr mir wissen, desto weniger wissen wir. Das heißt, wir werden uns bewusster, wie wenig wir wissen (können).

Dazu gibt es ein hübsches Gleichnis: Wenn alles Wissen das Meer ist und unser Wissen eine Insel darin, dann wird die Küstenlinie, die unser Wissen vom Nichtwissen trennt, umso länger, je mehr die Insel wächst. Je mehr wir wissen, desto mehr entdecken wir auch, was wir alles nicht wissen, und gelangen schließlich zur Erkenntnis des weisen Sokrates: "Ich weiß, dass ich nicht weiß".

Geteiltes Wissen ist doppeltes Wissen. Früher war Wissen Macht, und zwar nur deswegen, weil man sein eigenes Wissen den anderen vorenthielt. Das ist in einer vernetzten Gesellschaft zum Glück immer weniger möglich. So können wir entdecken, dass der Austausch von Wissen allen Beteiligten Gewinn bringt, weil ihr Wissen wächst. Und damit auch ihre LebensQualität.

Wissen ist Selbstzweck. Natürlich gibt es eine ganze Menge nützliches Wissen, ohne dass wir nicht auskommen. Doch darüber hinaus existiert ein Wissen ohne direkten Nutzwert, das dennoch seinen eigenen Wert hat. Ein Wissen, das uns (wieder) staunen lehrt, jenes kindliche Staunen, das uns ergriff, wenn sich wieder mal ein Spalt in der rätselhaften Welt voller Wunder geöffnet hatte und uns einen Einblick erlaubte.

Wissen ist ein Spiel. Bei aller Ernsthaftigkeit, die bei der Pflege unserer Wissensschätze angebracht ist, und bei allem ehrfürchtigem metaphysischem Gruseln, das uns bei einer neuen Erkenntnis ergreifen kann, sollten wir nicht vergessen: Es geht um ein friedliches, materielle Ressourcen schonendes Spiel in unserem Kopf, dort unendlich wichtig, für den Rest der Welt eher unerheblich.

Wissen ist individuell. Es wird uns deshalb einmal mehr nichts anderes übrig bleiben, als selber heraus zu finden, was für uns gut zu wissen ist.

Sinn macht Sinn

Zu den Merkwürdigkeiten dieser Welt gehört für mich das Phänomen, dass es bestimmte Themen gibt, über die keine Zeitung schreibt und keine Fernsehrunde diskutiert, obwohl sie die Leute brennend interessieren. Na ja, jedenfalls Leute wie mich. Nachdenkliche VordenkerInnen eben, und von denen gibt es, wie ich aus meinen SensoNet-Studien der Bewusstseins-Elite weiß, eine wachsende Schar.

LebensQualität gehört zu diesen Themen, aber auch LebensSinn. LebensSinn wird von SensoNet in den Top Five der Hitparade der heißen Werte platziert, mit aufsteigender Tendenz. Und in der Hitliste der wichtigsten Bedingungen für die eigene LebensQualität steht "dass es in meinem Leben so etwas wie einen Sinn gibt", gar auf Platz vier.

Die Medien mag das nicht interessieren, uns schon. Natürlich ist es nicht einfach, über etwas so schwer Fassbares wie Sinn zu reden und zu schreiben, aber der Versuch lohnt sich. Schon weil die Abwesenheit von Sinn LebensQualität schwer beeinträchtigen kann: Wer ständig Dinge tun muss, die keinen Sinn machen, die nicht sinnvoll sind, wird depressiv und verfällt in ein Gefühl tiefer Sinnlosigkeit - eine ernsthafte Erkrankung.

Im Alltag unterscheiden wir ständig zwischen sinnlos und sinnvoll, zwischen "das ergibt keinen Sinn" und "das macht Sinn". In der Regel machen wir das unbewusst, das heißt, wir verlassen uns auf unseren Sinn für Sinn, und fragen nicht weiter, nach welchen Kriterien dieser Sinn eigentlich entscheidet.

Gibt es so etwas wie einen obersten Sinn, einen LebensSinn, den Sinn des Lebens? Um sich solche Fragen stellen zu können, braucht es Muße, und die hat man im allgemeinen in jugendlichen Jahren, und dann oft erst wieder in den späteren, nachdem der Druck von Beruf und Familie vorbei ist. Schon weil diese späteren Jahre an Zahl stetig zunehmen, fällt die Prognose leicht, wonach die Bedeutung von solchen Sinnfragen zunehmen wird.

Auf der Suche nach Antworten ergeht es uns gleich wie bei den Werten: Es gibt keine Instanzen mehr, die uns einen vorgefertigten Sinn liefern (und zu harten Sanktionen greifen, wenn wir die Annahme verweigern). Auch bei der Suche nach dem LebensSinn sind wir auf uns selbst geworfen, können und müssen die Freiheit nutzen, unseren eigenen LebensSinn zu suchen.

Das Angebot auf dem Markt ist reichlich. Wie wäre es mit einem traditionellen LebensSinn wie "ein Gott gefälliges Leben führen"? oder "sich in den Dienst meiner Mitmenschen stellen"?

Ist Ihnen das zu selbstlos? Wie wäre es denn mit "möglichst viel Spaß haben"? Oder "sich selbst verwirklichen"?

Sie hätten es gerne etwas tiefgründiger? Zum Beispiel "seinen Platz in der Welt finden"? Oder "stetig dazu lernen"? Oder lieber romantisch "lernen zu lieben"?

Sie können es auch ganz sophistisch haben: "Der Sinn des Lebens ist es, den Sinn des Lebens zu suchen".

Und schon sind Sie reichlich verwirrt. Und noch haben wir das Angebot keineswegs vollständig aufgezählt. Wie soll man sich da für einen LebensSinn entscheiden?

Muss man ja gar nicht. Wer sagt denn, es könne nur einen LebensSinn geben? Schließlich haben wir, auf der Ebene der Sinnesorgane, auch mindestens fünf Sinne, wozu sollten wir uns da auf einen einzigen LebensSinn beschränken, statt uns unsere eigene Mischung von LebensSinnen zu mixen?

Die Freiheit nehm´ ich mir, und darüber hinaus die Freiheit, auch gelegentlich zu sagen: Was kümmert mich mein Mixrezept von gestern? Andere Lebensphasen brauchen andere LebensSinne.

Von daher hege ich persönlich auch eine Vorliebe für Sinnangebote, welche die Dimension von Entwicklung und Dynamik schon in sich tragen. Reifung gehört dazu, und "Individuation", was sich fast ebenso rätselhaft übersetzen lässt mit "werde, die (der) du bist!"

Mir gefällt die Vorstellung, die Evolution hätte sich etwas dabei gedacht, als sie nicht nur meine Fingerabdrücke, sondern auch mein ganzes Wesen unverwechselbar individuell gestaltet hat, und mir gefällt die Vorstellung, es sei ein Prozess des lebenslangen Lernens, herauszufinden, was genau sie sich dabei gedacht hat. Und bei der Beobachtung meiner Mitmenschen lässt sich dieses Spiel beliebig repetieren.

Was mich alles nicht daran hindert, in meinen Cocktail der LebensSinne auch andere Zutaten zu mixen.

Mir gefällt die Vorstellung, dass unsere Cocktails der LebensSinne genau so einzigartig individuell sind wie unsere Fingerlinien und Netzhäute, aber auch wie unsere Werte und unsere Wissensschätze. Vermutlich sind die Unterschiede oft nur fein, aber genau da wird es ja erst spannend.

Macht es eigentlich Sinn, sich solche Sinnfragen zu stellen? Würden wir nicht lieber den glücklichen Wilden nacheifern, die sich solche Fragen nie stellen und dennoch eine hohe LebensQualität aufweisen?

Abgesehen davon, dass wir gar nicht wissen können, was im Kopf der angeblich glücklichen Wilden vor sich geht, können wir dahin auch nicht zurück. Wir haben es uns nun mal angewöhnt, immer mehr über das Bewusstsein zu regeln, und wir sind damit nicht schlecht gefahren. So ist es nicht weiter verwunderlich, wenn die Frage nach den LebensSinnen immer öfter in unser Bewusstsein auftaucht. Die Frage gehört zur Grundausstattung eines Gehirns, dass genügend Kapazitäten entwickelt hat, um über sich selbst nachzudenken.

Wir können sie natürlich immer wieder verdrängen, aber das tut weder ihr noch uns noch unserer LebensQualität gut. Also heißen wir sie lieber respektvoll willkommen.

Den besten Respekt erweisen wir der Frage nach dem LebensSinn dann, wenn wir sie als solche behandeln. Also als Frage, die keine abschließende oder endgültige Antwort erheischt, sondern der es genügt, immer wieder mal als Frage wahr- und ernst genommen zu werden.

Alles mit Maß

Meine Güte, wie fand ich sie in meiner Jugend das Hinterletzte, diese ganzen angeblich so weisen Aufrufe, maßvoll zu sein und sich zu mäßigen. Spießig fand ich das, lust- und lebensfeindlich, und langweilig sowieso.

Nun ja, man lernt dazu. Oder vielleicht wollte ich es damals einfach nicht wissen. Nicht ohne Grund ist mir vom ganzen Unterricht in Altgriechisch neben "erkenne dich selbst!" vor allem die eine Maxime geblieben: "alles mit Maß!"

Erst später habe ich gelernt, dass die Tugend der Mäßigkeit keineswegs lebensfeindlich ist, sondern sehr lebensnah. Was ein weiser Arzt vor etlichen hundert Jahren formulierte "alles kann Gift sein und zugleich Heilmittel - es ist nur eine Frage der Dosierung" gilt keineswegs nur für die Stoffe aus der Apotheke. Es gilt auch für die Ingredienzien unserer LebensQualität.

Es ist im Grunde ganz einfach. LebensQualität, wir wissen es, ist so vieldimensional wie unsere Persönlichkeit. Und jedes dieser einzelnen Felder, die zusammen das Gut unserer LebensQualität bilden, will gehegt und gepflegt sein.

Dafür sind indes unsere Ressourcen beschränkt - der Tag hat nun mal nur 24 Stunden. Wenn wir also unsere Pflege zu sehr nur dem einen Feld widmen, müssen wir die anderen zwangsläufig vernachlässigen. Das wiederum tut unserer LebensQualität nicht gut, denn der geht es am besten, wenn all ihre Felder im richtigen Maß gepflegt werden.

Am Ende allen Tuns, das wir im Übermaß betreiben, winkt die Sucht, und die wollen wir doch tunlichst vermeiden, sie ist ein echter LebensQualitäts-Killer. Es gibt kein besseres Immunisierungsmittel gegen Süchte, als den Sinn für das richtige Maß zu entwickeln und stetig zu schärfen.

Bleibt der unausgeräumte Vorwurf, Mäßigkeit sei langweilig. Das könnte ich nicht mehr unterschreiben. Ich hatte ganz schön damit zu tun, herauszufinden, was jeweils *mein* richtiges Maß ist, und diese Herausforderung nimmt kein Ende, stehen doch die eigenen persönlichen richtigen Maße so wenig ein- für allemal fest wie irgendetwas sonst im Leben.

Erschwerend hinzu kommt, dass es gar nicht so einfach ist, einen Maßstab für LebensQualität zu entwickeln. Maß kommt von messen, und das wiederum gehört eigentlich ins Reich des Quantitativen, ja, Messbarkeit ist geradezu eine Grundvoraussetzung für dieses.

LebensQualität aber, der Name sagt es schon, gehört in das Reich der Qualität, dorthin also, wo Zahlen nichts mehr aussagen, und oft genug Worte auch nicht mehr viel. Und dennoch sprechen wir ganz unbefangen von mehr oder weniger Qualität, trauen uns auch ohne weiteres zu, bei uns selbst zwischen besserer und schlechterer LebensQualität unterscheiden zu können.

Tatsächlich haben wir offenbar eine Grundausstattung mitbekommen, die uns hilft, das Maß an Qualität einzuordnen. Wenn ich mich allerdings so umschaue, dann scheint dieser Sinn ziemlich verkümmert, vermutlich, weil er nie richtig trainiert worden ist.

Um den Feinheiten, die das Leben bereithält, gerecht zu werden, brauchen wir entsprechend feine Maßstäbe für die differenzierte Wahrnehmung von Qualität. Die müssen wir lernen. Das geht nicht in der Schule, sondern nur durch Erfahrung. Anders gesagt: Den Sinn für das richtige (qualitative) Maß zu entwickeln, ist ein Reifungsprozess, und der braucht Zeit.

Und noch etwas macht die Herausforderung größer, den Sinn für das richtige Maß zu entwickeln: Es gibt kein richtiges Maß an und für sich, sondern dieses bemisst sich immer auch am Verhältnis zu anderen Elementen von LebensQualität, zu anderen Lebens-bereichen. Mit anderen Worten: Das richtige Maß ist immer auch eine Frage der Ausgeglichenheit, der Balance.

Beispiel dafür ist die viel beschworene "work-life-balance". Die nachdenklichen VordenkerInnen von SensoNet sehen deren Bedeutung für ihre LebensQualität sehr wohl und setzen "dass meine Balance zwischen Arbeit und sonstigem Leben stimmt" auf einen Spitzenplatz der Voraussetzungen für hohe LebensQualität.

Ich frage mich allerdings, ob diese Balance schon der Weisheit letzter Schluss ist. Das mag daran liegen, dass ich in meinem Leben keine scharfe Trennungslinie zwischen Arbeit und sonstigem Leben ziehen kann und will.

Vor allem aber erinnert es mich an den "Steppenwolf" von Hesse, der auch lange glaubt, es ginge um die Balance zwischen dem zivilisiertem Menschen und dem urtümlichen wilden Tier in ihm, um dann, aufregend genug, zu lernen, dass er in Wirklichkeit aus einer Vielzahl von Teilpersönlichkeiten besteht, zwischen denen er immer wieder aufs Neue ein fließendes Gleichgewicht schaffen darf und muss.

Die Moral: Balance zwischen zwei Elementen von LebensQualität genügt nicht. Es gilt, ein Fließgleichgewicht zwischen allen Elementen zu schaffen. Und derer sind bekanntlich viele.

Das wiederum macht die Aufgabe so komplex, dass sie mit den rationalen Erwägungen des Verstandes gar nicht zu bewältigen ist. Deshalb bleiben nur zwei Strategien. Die erste heißt Vertrauen in die eigene Intuition, in die innere Stimme. Sie hat einen hoch entwickelten Sinn für LebensQualität.

Die zweite heißt experimentieren und die Auswirkungen beobachten, also ausprobieren und dann fühlen, wie sich das auf die eigene LebensQualität (und die der Mit-Menschen) ausgewirkt hat.

Bloß, wie misst oder fühlt man eigentlich das Maß an LebensQualität, wie stellt man fest, ob das eigene LebensQualitäts-Konto gewachsen oder geschrumpft ist? Meine Gewährsleute aus der Bewusstseins-Elite liefern einen wertvollen Hinweis, der Sie vielleicht auf eine Spur führt. Sie stimmen nämlich fast vollständig der Aussage zu: "LebensQualität ist eng mit Zufriedenheit gekoppelt."

Lebens
Kunst

Wenn sich die Vertreter der verschiedenen Künste mal wieder an einen Tisch setzen, um darüber zu streiten, welches die wertvollste Kunst sei, dann wird so gut wie nie ein Lebenskünstler geladen - von einer Lebenskünstlerin ganz zu schweigen.

Es fehlt also ausgerechnet eine Vertretung jener Kunst, die, würde man den Kreis um Menschen wie Sie und mich erweitern, gute Chancen hätte, ganz in den Olymp der wertvollsten Kunst erhoben zu werden: die LebensKunst.

In welcher anderen Kunst könnte man so sehr mit Fug und Recht von Gesamtkunstwerk sprechen? Wo sonst ist die Beherrschung so vieler einzelner Künste erforderlich, um ein geglücktes Kunstwerk zu schaffen? Wo sonst gilt so sehr, dass der tiefste Sinn von Kunst nicht im Publikum liege, sondern im Künstler selbst?

Und wo sonst gilt, dass Kunst ein permanenter Prozess ist, bis zum Lebensende?

Wie dem auch sei, Tatsache bleibt, dass LebensKunst bei uns bisher eher ein Stiefmütterchendasein fristete. Das ändert sich gerade.

Weil man LebensKunst in keiner Fachhochschule oder Akademie lernen kann, wird leicht übersehen, dass immer mehr Menschen sich in einzelnen jener Künste üben, die zusammen LebensKunst ergeben. Und ebenso machen sich immer mehr Menschen ihre Gedanken über Werte und Lebensziele, über LebensSinne und die Frage, worum es in ihrem Leben eigentlich geht.

Wenn zeitgemäße Philosophen sich auf ihre ureigene Aufgabe zurück besinnen, nämlich Lehrer für LebensKunst zu sein, dann haben sie entsprechenden und wachsenden Zulauf. Die Sensibilität für LebensKunst nimmt allerorten zu.

Worum aber geht es bei der Kunst, unser Leben zu gestalten? Geht es um möglichst viel Glück? Wohl kaum. Im Leben als Gesamtkunstwerk gibt es unweigerlich Höhen und Tiefen, Glück und Leid, und es einseitig auf ein Ziel auszurichten, verletzt die fragile Balance.

Deshalb spreche ich lieber von einem geglückten Leben, denn ein solches kann es auch sein, wenn es darin weniger Glück gibt, als wir als angemessen erachten. Dieses kommt ja, auch wenn wir noch so stark auf unsere Eigenverantwortung pochen, oft genug von außen, ohne unser Zutun, genau so wie das Unglück.

Das Maß für ein geglücktes Leben ist dann nicht mehr das Verhältnis zwischen Glück und Unglück, sondern die Art, wie ein Mensch mit beidem umgeht, ob mit der für ihn richtigen Mischung aus Mut und Demut, und ob er mit der Weisheit ausgestattet ist, das Beeinflussbare vom Hinzunehmenden zu unterscheiden.

Würden Sie stattdessen dieser Behauptung zustimmen: "LebensQualität ist Sinn und Zweck von LebensKunst"? SensoNet hat es - weitgehend - getan. Und gleichzeitig eine andere Vermutung bestätigt, indem es auch diesem Satz zugestimmt hat: "LebensQualität heißt vor allem: Qualität ist wichtiger als Quantität!"

Wir leben in einer Welt, die in einem bisher unbekannten Ausmaß ganz auf Zahlen und messbare Größen setzt, die in immer mehr Lebensbereichen alles nur noch nach dem Geldwert bewertet. Solche starken Tendenzen rufen in der Regel nach einem Gegentrend. Wo nur noch Quantität zählt, wächst das Bedürfnis nach Qualität. Und wo wäre es sinnvoller, dieses Bedürfnis zu stillen, als in der Gestaltung des eigenen Lebens?

Ob wir dabei LebensGestaltung wirklich als LebensKunst begreifen wollen oder nicht, bleibt uns überlassen. Wir könnten, weniger ehrgeizig, auch von Kunsthandwerk sprechen. Das hat den großen Vorteil, dass auch wir, die wir mit weniger Talent ausgestattet sind als die spezialisierten Lebenskünstler, es erlernen können. Ein bisschen Talent zur LebensKunst haben wir alle, und der Rest lässt sich lernen.

"LebensQualität ist lernbar", meint jedenfalls die Bewusstseins-Elite, und das ist eine ausgesprochen gute Nachricht. Es wäre ziemlich frustrierend, uns in einer Kunst zu üben, die für die meisten doch unerreichbar bleiben muss. Stattdessen haben wir eine gute Chance, uns im LebensKunsthandwerk stetig weiter zu qualifizieren.

Das geht nicht immer ohne Müh und Plag, auch wenn es oft genug vergnüglich und anregend ist.

Von anderen lässt sich LebensQualität nur sehr bedingt lernen, meist bleibt nur, das eigene Erfahrungswissen zu äufnen, und das geht nun mal nicht ohne Erfahrungen.

Als Lohn winkt eine Zunahme der LebensQualität, sicher nicht immer gradlinig aufwärts, aber in der Tendenz eindeutig. Dass das möglich ist, würden Sie mir allein kaum glauben. Was aber sagen Sie dazu, dass unsere nachdenklichen VordenkerInnen von einem klaren Anstieg ihrer LebensQualität in den letzten zehn Jahren berichten?

Doch damit noch nicht genug: Sie erwarten auch für die nächsten zehn Jahre einen ebenso deutlichen Anstieg. In dieser Hoffnung mag so etwas wie Gott- oder Urvertrauen mitspielen – SensoNet als Sprachrohr der Bewusstseins-Elite sagt auch deutlich ja zum Satz "Ohne Vertrauen in sich und in die Welt gibt es keine LebensQualität".

Doch das Wesentliche ist: Diese Menschen sprechen aus Erfahrung, sie haben am eigenen Beispiel erfahren, dass eine Verbesserung der eigenen LebensQualität möglich ist. Und das macht Mut zu mehr.

Unsere LebensQualität liegt nicht allein in unserer Hand, aber wir können eine Menge dafür selber tun. Blinder Aktionismus wäre allerdings fehl am Platz, denn zunächst stellt sich jeder und jedem von uns die Aufgabe zu klären, was für uns LebensQualität bedeutet, was unsere individuelle eigene LebensQualität ausmacht.

Aus Achtsamkeit geborene Behutsamkeit ist demnach das beste Biotop für LebensQualität. Sie braucht es, um weiter wachsen und sich verästeln, um weiter reifen und sich vertiefen zu können. Und sie verdient es, denn es geht hier um *Ihre* LebensQualität.

Mehr LebensKunst-Impulse

LebensKunst hat viele Facetten, und jede eröffnet ihre eigenen Perspektiven und Einsichten.

In derselben Ausstattung ebenfalls lieferbar:

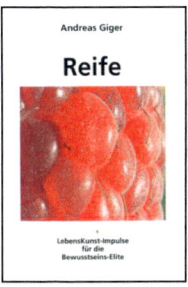

Mehr und mehr gilt:
Ich reife, also bin ich!
Auf dem Weg der Reifung ist Eigeninitiative gefragt, denn älter werden wir von allein, reifer nicht.

Welchen Wert könnte es haben, sich mit Werten zu beschäftigen? Ganz einfach: Weil dadurch Werte wie Selbsterkenntnis und Selbstbestimmung gefördert werden.

Die bewusste Achtsamkeit für Zufriedenheit schafft einen Zustand von Seelenruhe und Seelenfrieden, was ungemein wohltuend sein kann.

Jederzeit aktuelle Informationen über diese Angebote und andere LebensKunst-Impulse im Internet:
www.bewusstseins-elite.net

Mehr Bewusstseins-Elite

In diesem Standardwerk über die Bewusstseins-Elite, das erstmals ein Porträt dieser für unsere Zukunft wichtigen gesellschaftlichen Vorhut zeichnet, erfahren Sie, wer die Bewusstseins-Elite ist, was sie denkt und interessiert, und wie sie unsere Zukunft prägt.

Umfang ca. 240 Seiten, mit diversen Grafiken und elf Schwarz-Weiß-Bildern. € 22.- / CHF 35.-
J. Kamphausen Verlag, Bielefeld.
(www.weltinnenraum.de)

Auf der Homepage **www.bewusstseins-elite.net** erfahren Sie alles über dieses Buch sowie über die weiteren Angebote für die Bewusstseins-Elite. Sie bekommen dort auch neue Impulse, können mitreden und sich vernetzen.

Mehr Zugänge

Im Internet finden Sie mehr Informationen, Impulse und Anregungen zu diesen Themen:

LebensQualität
www.sensonet.org

Bewusstseins-Elite
www.bewusstseins-elite.net

Andreas Giger
www.gigerheimat.ch